PÈLERINAGE

DU

Diocèse de Coutances

A ROME

PÈLERINAGE
DU
DIOCÈSE DE COUTANCES
A ROME

A L'OCCASION DU

Jubilé sacerdotal de N. T. S. P. le Pape Pie X

ET DE LA

BÉATIFICATION

DE LA

Vénérable Marie-Madeleine POSTEL

Du 12 au 27 Mai 1908

COUTANCES
Ch. DAIREAUX, Imprimeur

PÈLERINAGE
DU
DIOCÈSE DE COUTANCES
A ROME
A L'OCCASION DU

Jubilé sacerdotal de N. T. S. P. le Pape Pie X

ET DE LA

BÉATIFICATION

DE LA

Vénérable Marie - Madeleine POSTEL

Du 12 au 27 Mai 1908

COUTANCES

Ch. DAIREAUX, Imprimeur

PÈLERINAGE

DU

Diocèse de Coutances à Rome

✠

12-27 Mai 1908

✠

ITINÉRAIRE

Mardi 12. — Départ de Paris, gare de Lyon, à 5 h. 45 du matin. — Déjeuner au buffet de Dijon. — Dîner à Chambéry.

Mercredi 13. — Arrivée à Gênes, vers 8 h. du matin. Installation dans les hôtels. Visite de la ville en voiture et excursion au Campo Santo.

Jeudi 14. — Départ de Gênes, vers 6 h. du matin. — Arrivée à Pise vers midi et demi. — 2e déjeuner et visite rapide (en voiture) de la ville : la cathédrale, la tour penchée, etc. — Départ de Pise vers 3 h. — Dîner à emporter du buffet de Pise pour consommer dans le train. — Arrivée à Rome, vers 10 h. du soir : répartition aux hôtels par voitures.

Du Vendredi 15 au Jeudi 21. — Séjour à Rome : Audience du Pape ; solennité de la Béatification, visite des monuments religieux et historiques.

Jeudi 21. — Départ de **Rome**, dans l'après-midi. — Arrivée et coucher à **Florence.**

Vendredi 22. — Visite de Florence.

Samedi 23. — Départ de **Florence**, vers 6 h. du matin. — Arrivée à **Bologne**, vers 10 h. — Visite de la ville. — Départ de **Bologne**, vers 4 h. — Arrivée à **Venise** vers 7 h. du soir.

Dimanche 24. — Offices religieux. — Visite de la ville.

Lundi 25. — Départ de **Venise**, vers 7 h. 1/2 du matin. — Arrivée à **Milan** vers midi. — Visite de la ville.

Mardi 26. — Départ de **Milan**, vers 8 h. du matin. — Traversée de la Suisse par le S. Gothard, Lucerne, Berne. — Retour en France par Pontarlier.

Mercredi 27. — Arrivée à **Paris**, gare de Lyon, vers 6 h. 15 du matin.

PETIT GUIDE

DES PÈLERINS

De Paris à Gênes.

Gare de P.-L.-M., arriver une demi-heure avant le départ. — *Bercy-ceinture* (3 kil.), immenses entrepôts. — *Charenton* (5 kil.), établissement fameux; on franchit la Marne. — *Maisons-Alfort* (7 kil.), école vétérinaire. — *Montgeron* (18 kil.), viaduc et pont de 9 arches sur l'Yères. — *Brunoy* (22 kil.), viaduc de 28 arches. — *Cesson* (38 kil.), dans les plaines de la Brie; on traverse la Seine. — *Melun* (45 kil.), ch.-l. de Seine-et-Marne; tours romanes de Notre-Dame, clocher de S. Barthélemy. — *Fontainebleau* (59 kil.), château d'aspect imposant, rebâti par François Ier, augmenté et modifié par les rois et les empereurs; appartements de Mme de Maintenon; on y voit, coïncidence providentielle, les appartements où Napoléon retint Pie VII prisonnier et le cabinet où l'Empereur dut signer son abdication, ainsi que la cour où il fit ses adieux; forêt de 17.000 hectares; étangs aux carpes centenaires. — *Moret*

(67 kil.), viaduc de 30 arches sur le Loing; canal du Loing. — *Montereau* (79 kil.), confluent de l'Yonne et de la Seine; on remonte l'Yonne. — *Sens* (113 kil.), sur l'Yonne; cathédrale S. Etienne, tour de Pierre, haute de 73 m., et tour de Plomb. — *Joigny* (146 kil.), en amphithéâtre sur la côte S. Jacques, rive droite de l'Yonne. — *La Roche* (155 kil.), au confluent de l'Armançon et de l'Yonne, sur le canal de Bourgogne. — *Tonnerre* (197 kil.), jolie ville sur une colline; église S. Pierre sur un rocher. — Tunnels, châteaux. — *Montbard* (245 kil.), patrie de Buffon. — *Les Laumes* (257 kil.), à 30 minutes d'Alise-Ste-Reine, l'Alesia de César; statue colossale de Vercingétorix. — *Blaisy-Bas* (288 kil.), tunnel de 4.100 m. par où la ligne passe du bassin de la Seine dans le bassin du Rhône. — *Malain* (296 kil.), viaduc de Lée de 44 m. de hauteur et à 2 rangs d'arcades; vallée de l'Ouche; viaducs et tunnels.

Dijon (315 kil.), 56,000 habitants, ch.-l. de la Côte-d'Or, au confluent de l'Ouche et du Suzon; cathédrale S. Bénigne; palais des ducs de Bourgogne; on longe le canal de Bourgogne; forêt; sur la droite, dans le lointain, vignobles renommés: Chambertin, Vougeot, Nuits, Beaune, Pommard, etc. — *S. Jean-de-Losne* (346 kil.), embouchure du canal de Bourgogne; pont sur la Saône, châteaux. — *Seurre* (392 kil.), pont sur le Doubs. — *Louhans* (403 kil.), ponts sur la

Seille et la Vallière. — *S. Amour* (428 kil.), coteaux dits « la Vignoble ». — *Coligny* (434 kil.), ruines du château où naquit l'amiral. — *Bourg-en-Bresse* (458 kil.), ch.-l. de l'Ain, 19,000 habitants, sur la Reyssouza, — forêt de Seillon. — *Pont-d'Ain* (477 kil.), pont suspendu sur l'Ain. — *Ambérieu* (489 kil.), débouché de la curieuse vallée de l'Albarine dans celle de l'Ain. — *S. Rambert-de-Joux* (500 kil.), cascades de Brevon. — *Tenay* (507 kil.), cascades de Charabotte et de l'Albarine, — gorge des Hôpitaux, — 3 lacs dans la vallée du Rhône. — *Artemare* (531 kil.), cascade de Cerveyrieu (50 mètres). — *Culoz* (539 kil.), pont sur le Rhône; canal de Savières qui fait communiquer le lac du Bourget avec le Rhône. — *Chindrieux* (546 kil.), château de Châtillon à l'extrémité nord du lac du Bourget; beaux paysages; 4 tunnels; chaussée. — *Aix-les-Bains* (564 kil.), à 1500 m. du lac du Bourget; petite ville thermale « où semblent s'être réunies toutes les puissances créatrices de Dieu »; large vallée entourée de hautes montagnes; à travers les avenues de peupliers séculaires et les ramures de noyers gigantesques étincelle le lac bleu si bien chanté par Lamartine, — le train suit lentement le contour du lac, — pont sur le Tillet. — *Chambéry* (575 kil.), ch.-l. de la Savoie, 20.000 habitants, dans une riante vallée baignée par la Leysse et l'Albane; cathédrale Notre-Dame ; à droite, en sortant, statue colossale de N.-D. de

Myans, pèlerinage. — *Montmélian* (589 kil.), sur la rive droite de l'Isère. — *S. Pierre-d'Albigny* (600 kil.), pont sur l'Isère, près de l'embouchure de l'Arc; vallée de l'Arc jusqu'à Modane. — *S. Jean-de-Maurienne* (657 kil.), 3000 habitants; évêché de Tarentaise, — tunnels — *S. Michel* (669 kil.), débouché de la vallée de Valloire dans celle de l'Arc. — *La Praz* (679 kil.), grandes usines d'aluminium, — tunnels.

Modane (685 kil.), douane, — 2 petits tunnels, — puis, sous le col de Fréjus, tunnel du Mont-Cenis, 12,848 mètres de longueur, 6 mètres de hauteur, 8 de largeur, percé de 1857 à 1870, coût : 75 millions; on le traverse en une demi-heure; une lanterne tous les 500 mètres; n'allonger ni tête ni bras en dehors de la portière; fermer les fenêtres. — *Bardonecchia* (706 kil.), altitude : 1258 m.; belle vallée de la Doire-Ripaire au-dessus de laquelle planent les aigles de la montagne; série de tunnels et de viaducs; ravin sauvage de la Georgie; zigzags de la route du Mont-Cenis dominée par la Roche-Melon (3,537 m.); dans le fond de la vallée: Suze. — *San-Ambrogio* (764 kil.), au sommet du Mont-Pirchiriano, abbaye de la Sagra di S. Michele, célèbre par ses sépultures où les corps se momifient.

Torino (Turin, 792 kil.), sur le Pô (360,000 habitants). Cathédrale Saint-Jean-Baptiste; derrière le maître-autel, rotonde entourée de colonnes en marbre noir où sont les tombeaux des Ducs de Savoie; elle forme à elle seule la plus belle église de Turin ; c'est la Chapelle du Saint-Suaire : la précieuse relique est renfermée dans une urne en forme de sarcophage au-dessus de l'autel. — Palais Royal. — Palais Madame. — Mont des Capucins. — Basilique de la Superga, caveau royal. — *Asti* (848 kil.), célèbre vin mousseux (Asti spumante). — *Alessandria* (883 kil.), 32,000 habitants : place de guerre sur le Tanaro qui peut inonder toute la plaine pour défendre l'approche de la ville ; fertile vallée, — on traverse la Bormida ; — à une demi-heure : Marengo, où Bonaparte, premier consul, battit les Autrichiens commandés par Mélas, le 14 juin 1800. — *Serravalle* (911 kil.), la voie s'engage dans les montagnes. — *Arquata* (916 kil.), le train serpente dans l'étroite gorge de la Scrivia qu'il traverse plusieurs fois, région grandiose. — *Ronco* (930 kil.). Après un tunnel de 8,294 m. on descend dans la vallée de la Polcevera. — *San Quirico* (946 kil.), vallée élargie, jolies villas. — *S. Pier d'Arena* (955 kil.), faubourg ouest de Gênes : 19,500 habitants ; à droite le phare et le château sous lequel passe le chemin de fer.

Genova (Gênes), piazza principe (958 kil.).

Gênes.

Gênes (Genova), au fond du golfe du même nom, à 400 kil. de Rome, est la capitale de la *Ligurie*, région montagneuse peu fertile mais d'un climat exquis. Elle s'élève sur un amphithéâtre de collines verdoyantes dominées par les premières montagnes des *Apennins* et forme un spectacle grandiose. Son port, le plus actif de l'Italie, se présente en demi-cercle d'environ une lieue et demie de périphérie. Il est protégé par des *môles* immenses et éclairé par un *phare* haut de 120 mètres. Commerce et industrie y sont très prospères et y font une redoutable concurrence à Marseille.

La vieille ville offre un labyrinthe de rues étroites et escarpées, sales, mais très pittoresques. On y voit cependant de belles rues bordées, comme la *Strada Nuova*, ou via Garibaldi, de palais de marbre. Ses nombreux palais et son beau site lui ont valu le surnom de *Superbe*.

Pendant de longs siècles, Gênes a été la capitale d'une petite République, gouvernée par des *Doges* depuis 1339, et sans cesse en guerre ou en révolution. A noter, comme souvenir historique, qu'au printemps de l'an 1800, pendant la guerre d'Italie, Masséna soutint à Gênes avec héroïsme un siège mémorable.

La *cathédrale S. Laurent*, construite en 1100, présente une sorte d'aspect mauresque. La façade en marbre, aux assises alternativement blanches et noires, est ornée de colonnes corinthiennes au pied desquelles reposent des lions couchés. A l'intérieur, décoration de grande richesse; à la voûte est peint le martyre de S. Laurent; l'autel est en marbre de Carrare; à gauche, belle *cha-*

pelle de S. Jean-Baptiste, construite en 1448 ; les reliques du Saint sont renfermées dans un tombeau en pierre, du XIIIe siècle ; par ordre d'Innocent II et sous peine d'excommunication, il est interdit aux femmes de pénétrer dans cette chapelle, par respect pour celui dont l'une d'elles a causé la mort. Le trésor est dans la sacristie ; on y montre le *S. Graal*, plat en émeraude que la reine de Saba aurait donné à Salomon, qui aurait aussi, d'après une tradition ancienne, servi à Notre-Seigneur le jour de l'institution de la Sainte Eucharistie et dans lequel enfin Joseph d'Arimathie aurait recueilli le sang du Sauveur.

Parmi les principales églises, on peut citer encore *S. Ambroise*, desservie par les Jésuites, très riche à l'intérieur, où l'on vénère les corps des SS. Felicissimus et Agapit, ainsi que la madone del Remedio ; — *Ste Marie de Carignan*, réduction de S. Pierre de Rome, tel que l'avaient conçu Bramante et Michel-Ange, construite en 1552 ; — et la *SS. Annunziata*, la plus somptueuse des églises de Gênes.

Dans la chapelle de l'*Hôpital de la Pommatone*, on offre à la vénération des fidèles le corps de *Ste Catherine de Gênes* (1448-1510). Après 400 ans, on peut contempler encore les traits de son visage. On sait que le Traité de Ste Catherine sur le Purgatoire jouit d'une grande autorité parmi les auteurs mystiques.

Au premier rang des palais, se placent le *Palais*

Ducal, le *Palais Royal*, le *Palais Municipal*, les *Palais Rouge* et *Blanc*, etc...

En suivant le boulevard, appelé *Circonvallazione a monte*, on se rend au *Campo Santo*, l'un des plus beaux cimetières d'Italie.

Au nombre des curiosités de la ville on peut mettre : la *Galerie Mazzini*, le *Monument de Christophe Colomb* et le superbe *Pont de Carignan*.

Du *Corso Magenta*, du *Castellaccio*, de la *Piazzetta* ou de *Ste Marie de Carignan*, de magnifiques panoramas se déroulent sous les regards. Non seulement Gênes apparaît tout entière, mais au loin se profilent les perspectives enchantées de la *Riviera*, rivale de la *Côte d'Azur*.

De Gênes à Pise.

De la gare principale un tunnel qui passe sous toute la ville conduit à la gare de l'Est, *Piazza Brignole* (3 kil.). — Puis la voie s'engage dans la *Rivière du Levant*, étroite bande de terrain qui longe la côte. « Ses rochers abrupts, ses collines boisées et ses vallées profondes, avec des coups d'œil splendides sur la mer, en font une des plus belles contrées de l'Italie ». De Gênes à la Spezzia, les travaux d'art se succèdent presque sans interruption. On compte en effet sur un parcours de 91 kilom., 25 ponts, 20 viaducs et 80 tunnels. — Au départ, sur les hauteurs, les forts qui défendent

Gênes. — On traverse le Bisagno. — *Sturla* (7 kil.), à droite, brille la mer profonde et bleue ; à gauche, les versants des Apennins couverts de villas. — *Quarto* (8 kil.), plantations d'oliviers et d'orangers entremêlés de palmiers ; pont-viaduc sur le torrent de Nervi ; au premier plan, le promontoire de Portofino. — *Nervi* (12 kil.), petite ville entourée d'une forêt d'orangers et de citronniers ; station hivernale très fréquentée par les Allemands et les Anglais. — *Sori* (17 kil.), beau site d'où l'on a un magnifique coup d'œil sur la mer et sur la vallée. — *Camogli* (23 kil.), on traverse le promontoire de Santa-Margherita, au-delà duquel on découvre la baie de *Rapallo* (31 kil), où se pêche le thon, le corail et où l'on fait un actif commerce d'huile d'olive. — *Chiavari* (39 kil.), les montagnes se reculent pour former un vaste hémicycle. — *Sestri* (46 kil.), au fond d'une baie protégée par un promontoire.

La Spezzia (91 kil.), 45,000 habitants, ville industrielle et principal port militaire d'Italie ; ce port est l'un des plus vastes et des plus sûrs de l'Europe. — *Vazzasio* (99 kil.), à gauche se montrent les montagnes de marbre, dites Alpes Apuanes ; on traverse la Magra, large cours d'eau. — *Sarzana* (106 kil.), 14,000 habitants, cathédrale gothique, prairies fertiles. — *Luni* (112 kil.), on aperçoit à gauche les célèbres carrières de marbre de Carrare. — *Avenza* (116 kil.), vieux château. — *Massa* (123 kil.), importantes carrières de marbre. — *Pietrasanta* (134 kil.), petite ville encore murée. — *Viaraggio* (144 kil.), bains de mer et station d'hiver, contrée marécageuse; on traverse le Serchio. — Avant d'arriver à Pise (165 kil.), on voit à gauche la cathédrale, le baptistère, le campanile et on franchit l'Arno.

Pise.

Pisa, ville de 61,500 habitants, patrie de Galilée, est située dans une plaine très fertile au pied des Monts Pisans, groupe de montagnes de 975 mètres de hauteur, qui se détachent des Apennins. Bâtie sur les deux rives de l'Arno, elle est entourée d'une enceinte quadrangulaire, défendue par deux citadelles. *Pisa morta* cependant ne remplit pas ses murailles construites pour les 150,000 habitants qu'elle eut jadis. La douceur de ses hivers y rend le séjour favorable aux malades. Ses beaux quais, *Lung'Arno*, communiquent par trois ponts. Sur les bords du fleuve, dont les eaux tumultueuses et jaunes se précipitent en torrent, on admire *Santa Maria della Spina*, élégante chapelle de marbre blanc du XIII siècle. Près de la *place des Cavaliers* et du *palais Carovana* se trouvait autrefois la *Tour de la Faim*, où périrent, comme le raconte le Dante dans son Enfer, Ugolin, ses fils et ses neveux. Mais ce qui fait sans contredit la gloire de Pise, c'est la *place du Dôme*, qui offre un groupe d'édifices comme on n'en rencontre nulle part au monde.

Le *Dôme*, la cathédrale, fondée en 1063, est entièrement construite en marbre blanc, avec des incrustations noires et d'autres couleurs. La façade, avec ses 58 colonnes de marbre et ses portes de bronze, est de la plus grande magnificence Les 5 nefs intérieures soutenues par 74 colonnes, dont 68 rapportées par les Pisans comme trophées de victoires, forment un vaisseau superbe qui produit une impression profondément religieuse. Comme curiosité, on y montre une grande lampe de bronze, qui, par ses oscillations, mit, dit-on, Galilée sur la voie de la théorie du pendule.

Le *Campanile* ou *Tour penchée*, bâti en 1174, rivalise de beauté avec le Dôme. C'est un monument tout en marbre, de forme cylindrique, à 8 étages, de 207 colonnes superposées. Haut de 54 mètres 48, il est incliné de 4 mètres 32. Il renferme 7 grandes cloches qui, sonnées tous les jours, en confirment la solidité. Son inclinaison servit à Galilée à faire des expériences sur la gravitation.

Le *Baptistère*, de forme circulaire, terminé par une coupole (hauteur totale, 55 mètres, est également tout en marbre. Il renferme la *Chaire de Nicolas de Pise*, l'un des monuments les plus importants de l'art au moyen âge. Le Baptistère possède un *écho* remarquable.

Le *Campo Santo*, rectangle de 130 mètres sur 45, est le cimetière que les Pisans voulurent consacrer à leurs grands hommes. Les murs pleins sont couverts de *fresques* des vieux maîtres. Le sol est formé de *terre sainte* apportée du mont Calvaire.

Pise est le siège d'un *archevêché*. C'est une ville intellectuelle; son *université* est une des plus vivantes d'Italie.

De Pise à Rome.

La ligne suit à peu près l'ancienne *Voie Aurélienne*. Elle reste à l'intérieur des terres jusqu'à *Cecina* (50 kil.), puis elle court le long de la côte en offrant de belles échappées de vues sur des caps, sur la mer et les îles voisines. Elle traverse les *Maremmes*, vastes plaines ondulées, entrecoupées de marais profonds et d'épaisses forêts, où le sol est d'une grande fertilité, mais où règne, pendant l'été, la terrible *malaria*. — *Bibbona Casale* (57 kil.), à droite, sur un promontoire, on aperçoit les ruines de *Populonia*, ville étrusque, et derrière, l'*île d'Elbe*. — *Follonica* (103 kil.), grandes fonderies, belles vues sur la mer; à droite, le *cap de Piombino* et l'*île d'Elbe*; à gauche, le *cap de Castiglione* et l'*îlot de Formica*. — *Grossetto* (145 kil.), chef-lieu des Maremmes, l'ancien *Lacus Prelius* des Romains, cathédrale du XIIIe siècle. — On franchit l'Ombrone, puis on tourne le cap boisé de *Talamone* (169 kil.); en 225 avant J.-C., les légions romaines abordèrent à cet endroit et défirent les Gaulois venus pour attaquer

Rome. — *Orbetello* (183 kil.), à l'extrémité d'une langue de terre ; près de là, le *mont Argentario* (630 mètres) s'élève du sein de la mer. — La voie longe le *lac salé de Burano* et franchit successivement la Fiora et la Marta. — *Corneto* (232 kil.), sur les ruines de l'ancienne *Tarquinies*, une des 12 villes étrusques qui, après avoir lutté contre Rome, passèrent sous sa domination au IIIe siècle avant J.-C.; célèbre nécropole de 2,000 tombeaux. — *Civita Vecchia* (252 kil.), le port de Rome fondé par Trajan. — La voie quitte la mer pour remonter la vallée du Tibre. Elle s'engage dans une plaine inculte, parsemée de forêts et de marécages où se montrent des buffles. — *Magliana* (318. kil.), on aperçoit *S. Paul hors les murs*, on franchit le *Tibre* sur un pont de fer ; on pénètre dans ROME entre la *Porta maggiora* et la *Porta san Lorenzo* ; on passe devant *Ste-Marie-Majeure*, et les pèlerins descendent à ROMA *Termini* (333 kil.).

Rome

ROME est la ville la plus illustre de l'univers... Surnommée dès l'antiquité « la Ville éternelle », elle a été le centre de la civilisation en Occident. Jadis capitale du monde romain, elle est devenue celle du monde chrétien, c'est la cité des Papes.

Sa population, qui est actuellement de 463,000 habitants, était d'un million au IIe siècle.

Située au milieu de l'*Agro Romano* que limitent les collines volcaniques de Bracciano, les monts de la Sabine et les monts Albains, la « Ville aux sept collines » en compte aujourd'hui douze. Aux collines antiques : le *Capitole* (50 m.), le *Quirinal* (52 m.), le *Viminal* (56 m.), l'*Esquilin* (53 m.), le *Palatin* (51 m.), l'*Aventin* (46 m.), le *Cœlius* (50 m.), il faut ajouter le *Pincio* (50 m.), le *Testaccio* (35 m.), et le *Citorio* — ces deux dernières sont artificielles — puis, sur la rive droite du fleuve, le *Vatican* (60 m.), et le *Janicule* (84 m.).

Le *Tibre* (*flavus Tiberis*), large de 60 mètres, profond de 5 à 6, traverse la ville du nord au sud, en la divisant très inégalement et en formant trois grandes boucles. Au milieu est l'*île de S. Bartolommeo*; sur le fleuve sont jetés onze ponts et une passerelle.

Dès l'origine Romulus ceignit la ville de *murs*. La *seconde enceinte* fut bâtie par Servius Tullius. L'*enceinte actuelle* remonte à Aurélien au IIIe siècle; mais, détruite en maints endroits, elle fut restaurée et complétée par plusieurs Papes, en dernier lieu par Benoît XIV.

19 portes permettent l'entrée de la cité. Les principales sont la *Porta del Popolo*, sur la *Voie Flaminienne*; la *Porta san Paolo*, sur la *Voie d'Ostie*; la *Porta di san Sebastiano*, sur la *Voie Appienne*; la *Porta di san Giovanni*, sur la route d'*Albano*; la *Porta Maggiore*, qui conduit à

Préneste; la *Porta di san Lorenzo*, qui mène à Tivoli (*Tibur*), et la *Porta Pia* sur la *Voie Nomentane*.

Gœthe a dit qu'aucun peuple de l'antiquité n'avait plus mal choisi son séjour que les Romains. Les petites vallées, ouvertes au pied des collines, étaient marécageuses et exposées aux débordements du Tibre. Mais, à force de génie et de persévérance, les Romains vainquirent les conditions défavorables de leur emplacement. Des *égouts* furent construits et des *aqueducs*, captant des rivières entières, en amenèrent les eaux jusqu'au milieu de la Ville impériale. La quantité d'eau dont chaque habitant peut disposer chaque jour est de 944 millimètres cubes, tandis qu'elle n'est que de 200 à Paris et de 125 à Londres.

On fait remonter la *Fondation de Rome* à 754 avant J.-C. Mais il est probable que la Ville a une bien plus haute antiquité. En souvenir de la légende d'après laquelle *Romulus et Remus*, fondateurs de la cité, auraient été élevés par une *louve*, les Romains entretiennent des *loups* que que l'on peut voir dans les massifs de gauche, au haut de la rampe qui monte au Capitole.

De 754 à 510, époque du bannissement des Tarquins, Rome fut *gouvernée par des Rois*. A cette période reculée on fait remonter : l'*Agger de Servius Tullius*, enceinte dont les ruines sont encore visibles dans la *vigna Torlonia*, et près des thermes de Dioclétien ; la célèbre *Prison Mamer-*

tine; le *Temple de Jupiter*, et la *Cloaca Maxima*, construite par Tarquin le Superbe pour centraliser les eaux des canaux creusés par Tarquin l'Ancien et dont on voit l'embouchure dans le Tibre, près du Temple de Vesta.

Au temps des Rois succéda la *période de la République* (510-30 avant J.-C.). Il ne reste que peu de monuments de cette époque. On peut citer : les grandes *voies militaires*, et particulièrement la *via Appia* ; les *aqueducs*, dont les substructions au moins datent de ce temps ; le joli *Temple de la Fortune virile*, aujourd'hui église de Ste-Marie-Egytienne, le *tombeau de Bibulus*, près du Capitole, les *tombeaux des Scipions* et celui de *Cœcilia Metella*, la *Basilique Portia*, le *Théâtre de Pompée*, le *Tabularium*, enfin quelques vestiges du *Forum de Jules César*.

Après le meurtre de César (15 mars 44) et un triumvirat de quelques années, la bataille d'Actium établit maître du monde Octave, neveu de César, auquel le Sénat donna le nom d'*Auguste*. L'*Ere impériale* était ouverte et dura 500 ans (30 avant J.-C. — 476 après J.-C.). Auguste a pu se vanter d'avoir transformé Rome de ville de brique en ville de marbre. Sur le *Champ de Mars* il éleva le *Portique du Panthéon*, les *Thermes d'Agrippa*, la *Mausolée d'Auguste*, le *Théâtre de Marcellus* et le *Portique d'Octavie*. A côté de l'ancien Forum, il créa le *Forum d'Auguste* avec le *Temple de Mars*. Comme témoins de son temps nous avons encore la *Pyramide de Caius Cestius*, l'élégant *Temple de Vesta*, les *Arcs de Drusus et de Dolabella*, le *Cirque Maxime*, les *Obélisques de la place du Peuple et de Monte Citorio*, ainsi que les *Colombaires des voies Appienne et Prénestine*. Le règne d'Auguste, qui dura 44 ans, marqua l'apogée de la littérature latine.

Les successeurs immédiats d'Auguste furent *Tibère* (14-37), un tyran ; — *Caligula* (37-41), un fou (on lui doit *l'obélisque du Vatican*) ; — *Claude* (41-54), un faible (il transporta d'Héliopolis à Rome *l'obélisque de Ste-Marie-Majeure*) ; — *Néron* (54-68), un monstre. — *Galba*, *Othon* et *Vitellius* se disputèrent ensuite le trône qui échut définitivement à *Vespasien* (69-79), dont les deux fils régnèrent successivement : *Titus*, de 79 à 81, et *Domitien*, de 81 à 96. Ces trois empereurs forment la dynastie flavienne qui a éternisé son nom par la construction du *Colisée*, de *l'Arc de Triomphe et des Thermes de Titus*, du *Temple de Vespasien* et d'une grande partie du *Palais du Palatin*. *Nerva* (96-98) acheva le *Forum de Domitien*. Du *Forum et de la Basilique de Trajan* (98-117), il ne reste debout qu'*une colonne* qui porte son nom. D'Adrien (117-138) il y a son *Mausolée* (château Saint-Ange), le *Pont Ælius* (pont Saint-Ange), construit pour y accéder, le *Temple de Castor et Pollux* au Forum, les ruines du beau *Temple de Vénus et de Rome*, près du Colisée, l'*obélisque du Mont Pincio*, mais surtout le *Dôme magnifique du Panthéon*, le *Temple d'Antonin et Faustine*, la *colonne Antonin*, la *statue équestre de Marc-Aurèle* marquant les règnes d'*Antonin* (138-161) et de *Marc-Aurèle* (161-180).

Les invasions des Barbares et des révolutions incessantes amènent la décadence de l'art. Cependant *Septime Sévère* (193-211) nous a laissé ses *Arcs de Triomphe* et celui de *Janus Quadrifons*; et *Caracalla* ses *Thermes* immenses. *Gallien* (253-268) eut son *Arc de Triomphe*. *Aurélien* (270-275) construisit une *Enceinte de Rome* en partie conservée et le *Temple du Soleil* (jardins Colonna), en avant duquel se dressaient les *statues colossales de la Place de Monte Cavallo*. Les *Thermes* de *Dioclétien* (284-305), qui renfermaient 3200 sièges pour les baigneurs, surpassèrent en grandeur tous les bains construits jusque-là ; de l'une des salles Michel-Ange a fait une des plus belles églises de Rome (Ste-Marie-des-Anges,) et dans une dépendance S. Bernard a également son église. *Maxence* (306-312) élève encore un *Cirque* en partie conservé de nos jours et la majestueuse *Basilique*, dédiée après lui à Constantin, dont le tiers subsiste encore et forme une des plus importantes ruines de Rome. Tout près se trouve le *Temple de Romulus*, fils de Maxence. De Constantin (306-337) nous avons l'*Obélisque de S. Jean de Latran* et un superbe *Arc de Triomphe* près du Colisée. Enfin de *Phocas*, empereur bysantin (602-610), on montre une *Colonne* au Forum.

En 330, Constantin le Grand, devinant la force immense du christianisme, transporta le siège de l'empire à Constantinople et donna Rome au Pape, préparant ainsi à la Rome païenne, pressée de tous côtés par les Barbares, l'héritière qui devait continuer ses traditions.

« Comme la reine du Paganisme, la reine de
» l'Evangile est toujours assise sur les sept col-
» lines ; elle s'étend même, de l'autre côté du
» Tibre, sur le Vatican et le Janicule ; mais si les
» noms et les lieux restent les mêmes, les choses
» ont changé. A la place des temples païens, des
» églises dédiées au vrai Dieu couronnent toutes
» les hauteurs. Les lieux souillés par Néron, par
» Caligula, par Héliogabale, sont habités par des
» religieux ou des religieuses de tous les ordres.
» C'est ainsi qu'au sommet du Capitole, à la place
» même du Temple de Jupiter, nous voyons briller
» l'église d'Ara Cœli, consacrée à la Vierge divine.
» Sur le Palatin, au milieu des ruines informes
» du Palais des Césars, s'élèvent les églises de
» Ste-Marie-Libératrice, de S. Théodore et de
» S. Bonaventure. Le Cœlius présente la radieuse
» basilique de S. Jean de Latran, les églises des
» Quatre-Couronnés et des SS. Jean et Paul.
» L'Aventin, célèbre par son Temple de Diane,
» porte jusqu'aux nues les belles églises de
» Ste-Sabine, de S. Alexis, de Ste-Prisque.
» Ste-Marie-in-Cosmedin, placée à la base, sert
» comme de portique sacré à ces vénérables sanc-

» tuaires. Sur le Quirinal, non loin de la colonne
» Trajane, brillent SS. Dominique et Sixte, S. Syl-
» vestre, Ste-Marie-de-la-Victoire. Le Viminal est
» couronné par la magnifique église de Ste-Marie-
» des-Anges, bâtie dans les Thermes même de
» Dioclétien L'Esquilin offre aux regards éblouis
» Ste-Marie-Majeure, S. Pierre-ès-Liens, S. Martin-
» des-Monts. Dans le lointain apparaît, à l'horizon,
» le Janicule avec son temple du Bramante ; et
» plus bas le Vatican, avec la merveille des
» églises, S. Pierre. » (1).

Dans l'impossibilité où nous sommes d'entreprendre ici la description des principaux monuments de la Cité Romaine, nous nous contenterons de les classer dans une série d'itinéraires, en indiquant par *lettres italiques* les monuments païens.

Du Pont Saint-Ange au Vatican.

Pont S. Ange. — *Mausolée d'Adrien* (château S. Ange). — Ste Marie Transpontine. — S. Giacomo di Scossa Cavalli. — Palais Giraud. — Place S. Pierre *(Cirque de Néron)* : *Obélisque*, Fontaines, Colonnade du Bernin. — BASILIQUE DE S. PIERRE : Façade, Portiques, Portes, Intérieur, Sacristie, Crypte, Coupole. — VATICAN : Portes de Bronze, Escalier Royal, Salle Royale, Chapelle Pauline, Chapelle Sixtine, Salles ducales, Loges de Bra-

---

(1) Mgr Gaume.

mante, Musée Lapidaire, Salle Pie, Salle de l'Immaculée-Conception, Chambres de Raphaël, Loges de Raphaël, Pinacothèque, Musée égyptien, Musée Pio-Clementin, Musée Chiaramonti, Bracchio Nuovo, Musée Etrusque, Galeries des Candélabres, des Arazzi, des Cartes géographiques, Chambre de la Bigue, Musée profane, Bibliothèque, etc.; Jardins avec la Grotte de Lourdes, la Villa Pia et les chapelles de Ste Marthe et Ste Marie in Campo Santo.

De la Porte du Peuple à la Place de Venise.

Porte du Peuple — (hors la Porte : Villa Borghèse, Ponte Molle). — Place du Peuple. — *Obélisque.* — Ste Marie du Peuple. — Promenade du Monte Pincio. — Les 3 rues di Ripetta, del Corso et del Babuino. — Ste Marie des Miracles. — Ste Marie di Monte Santo. — S. Carlo. — Palais Ruspoli. — S. Silvestre in capite. — S. Lorenzo in Lucina. — Palais Chigi. — Piazza san Silvestro. — Piazza Colonna. — *Colonne Antonine.* — Place et Palais de Monte Citorio. — *Obélisque.* — *Temple d'Antonin et de Neptune* (dogana di Terra). — S. Ignace. (Chambres de S. Berchmans et de S. Louis de Gonzague.) — S. Marcel. — Collège Romain. — *Observatoire.* — Musée Kircher. — Palais Sciarra. — Santa Maria in via lata. — Palais Doria Pamfili. — Palais Bonaparte. — Place de Venise. — Palais de Venise. — S. Marc. — *Tombeau de Publius Bibulus.* — Maison de Pietro da

Cortona. — Palais Torlonia. — Palais Altieri. — Gesu (chambres de S. Ignace).

Colline du Capitole.

Santa Maria in Ara Cœli. — Place du Capitole : *Statue de Marc-Aurèle;* CAPITOLE : Palais du Sénateur, Palais des Conservateurs (sculptures, bronzes et galeries de tableaux); Musée du Capitole. — *Roche Tarpéienne.* — *Tabularium.* — *Prison Mamertine* (S. Joseph des Menuisiers). — Santa Martina et San Luca. — San Adriano.

Forum & Palatin.

Temple de la Concorde. — Temple de Vespasien. — Temple de Saturne. — Schola Xantha. Portique des Dii Consentes. — Clivus Capitolinus. — Via Sacra. — Comitium. — Arc de Septime Sévère. — Umbilicus. — Milliarum Aureum. — Rostres anciens. — Temple de Saturne. — Arc de Tibère. — Santa Maria in Foro. - *Basilica Julia. — Colonne de Phocas. — Forum Romanum. — Base de la statue de Domitien.* — Regard sur la *Cloaca Maxima. — Rostres Juliens. — Temple de César. — Arc de Fabien.* — S. Lorenzo in Miranda (*Temple d'Antonin et Faustine*). — *Temple de Castor et Pollux. — Puteal de Libon. — Temple de Vesta. — Maison des Vestales. — Regia. — Monumenta honoraria. — Temple de*

Romulus. — SS. Cosme et Damien. — *Basilique de Constantin.* — Santa Maria Nuova (*Temple de Vénus et de Rome.* — Ste Françoise Romaine. — *Arc de Titus.* — Mont Palatin. — *Palais des Césars.* — *Palais de Domitien.* — Jardins Farnèse. — S. Bonaventure. — *Arc de Constantin.* — *Meta sudans.* — *Colosse de Néron.* — *Maison Dorée.* — COLISÉE.

Mont Cœlius.

S. Grégoire. — Ste Barbe. — S. André. — Ste Silvie. — SS. Jean et Paul (Chambre de S. Paul de la Croix). *Arc de Dolabella* (S. Thomas in formis) — S. Etienne le Rond. — Villa Mattei. — — Santa Maria in Dominica, ou della Navicella.

Entre le Capitole, le Palatin & le Tibre.

Ste Marie de la Consolation. — *Forum Boarium. Arc de Septime Sévère, dit des Orfèvres.* — *Arc de Janus quadrifons.* — S. Georges in Velabro. — Maison de Riensi ou de Crescentius. — Ste Marie Egyptienne (*Temple de la Fortune virile*). — *Ponte Rotto.* — Place *Bocca della Verita.* — Santa Maria in Cosmedin (chambre de S. Rossi). — *Temple de Cérès et Proserpine* ou de la *Pudicité Patricienne*). — *Temple rond de Vesta.* — *Cloaca Maxima.* — Santa Anastasia. — *Circus Maximus.* — S. Théodore.

De l'Aventin à la Porte S. Sébastien.

Ponte Sublicio. — Ste Marie Aventine. — S. Alexis. — Ste Sabine (chambres de S. Dominique et de S. Pie V). — *Monte Testaccio*. — *Pyramide de C. Cestius*. — Porte S. Paolo. — (Hors les murs : chapelle San Salvatore; BASILIQUE DE S. PAUL; S. Paul aux Trois-Fontaines; Santa Maria Scala Cœli; SS. Vincent et Anastase; *Emporium*). — Ste Prisque. — S. Saba. — Ste Balbine. — *Thermes de Caracalla*. — S. Sixte. — SS. Nérée et Achillée. — *Tombeaux des Scipions.* — *Columbaria*. — *Arc de Drusus*. — Porte S. Sébastien. — (Hors les murs : Domine quo vadis; S. Sébastien; *Catacombes* de S. Calixte; Voie Appienne; *Cirque de Romulus; Tombe de Cæcilia Metella*).

De S. Jean de Latran à Ste-Marie-Majeure.

Place de S. Jean de Latran. — Place de la Porte S. Jean. — BASILIQUE DE S. JEAN DE LATRAN. — Palais et Musée de Latran. — Baptistère de Constantin. — Scala Santa. — *Triclinium*. — Porte S. Jean. — *Anfiteatro Castrense*. — Basilique de Ste Croix de Jérusalem. — *Aqueduc de Claude*. — *Tombeau d'Eurisacès*. — Porta Maggiore. — *Temple de Minerve Medica*. — *Trophée de Marius*. — La Casa Torda. — S. Eusèbe. — Ste Bibiane. —

Porte S. Laurent. — (En dehors : Basilique de S. Laurent ; Campo santo). — Ste Bibiane. — Mont Esquilin. — *Arc de Gallien.* — BASILIQUE DE STE-MARIE-MAJEURE.—Place de Ste-Marie-Majeure. — *Obélisque.* — Ste Pudentienne. — S. Antoine, abbé. — Ste Praxède. — S. Martin des Monts. — S. Laurent in Fonte. — S. Laurent in Panisperna. — Ste Marie des Monts (chambre mortuaire de S. Labre). — *Quartier de Suburra.* — S. Pierre ès Liens. — *Thermes de Titus.* — *Sette Sale.* — S. Clément. — SS. Quattro Coronati.

De Ste-Marie-Majeure à la place d'Espagne et à la Villa Médicis.

Mont Viminal. — (*Agger de Servius Tullius*). — *Camp des Prétoriens.* — *Thermes de Dioclétien.* — Ste Marie des Anges. — S. Bernard. — Ste Marie de la Victoire. — Mont Quirinal. — Place de Monte Cavallo (*Obélisque*). — Palais du Quirinal. — S. André au Quirinal (Chambres de S. Stanislas Kostka et de S. François de Borgia).— Palais Rospigliosi. — SS. Dominique et Sixte. — Ste Catherine de Sienne. — S. Silvestre au Quirinal. — *Thermes de Constantin.* — S. Andrea delle Fratte. — Place Barberini. — Fontaine du Triton. — Palais Barberini. — Eglise des Capucins, ou Ste Marie de la Conception (chambre de S. Félix de Cantalice ; cimetière). — Villa Ludovisi (*Jardin et cirque de Salluste*). — Collège de la Propagande. — Maison du Poussin. —

S. Isidore. — Place d'Espagne. — Fontaine de la Barcaccia. — *Obélisque de Salluste.* — Ste Trinité des Monts. — Villa Médicis (Académie de France. — (Hors la Porta-Pia : Ste Agnès; catacombes; Santa Costanza . — (Hors la porte Salaria : villa Albani).

Entre les Places d'Espagne et de Monte Cavallo, le Forum et le Corso.

Chambre de S. Labre (viâ de Crociferi 20). — Fontaine de Trévi. — SS. Apôtres. — Palais Odescalchi. — Place des SS. Apôtres. — Palais Colonna. — (*Temple du Soleil*). — Place Trajane (*Forum de Trajan ; Bibliothèque Ulpienne*). — *Colonne Trajane.* — N.-D. de Lorette. — S. Nom de Marie. — *Temple de Mars vengeur (Forum transitorium ou de Nerva). — Arco dei Pantani. — Portique de Pallas Minerva (Colonnaccia).* — Musée de l'Académie de S. Luc.

Partie Centrale de Rome.

Port de Ripetta. — S. Jérôme des Esclavons. — S. Roch. — *Mausolée d'Auguste.* — Palais Borghèse. — Palais de Florence. — S. Nicolas. — S. Antonin. — S. Augustin. — Ste Marie-Madeleine — S. Apollinaire. — S. Louis des Français. — Palais Giustiniani. — S. Eustache. — Place du Panthéon (*obélisque*). — PANTHÉON (*Thermes d'Agrippa*). — *Obélisque* de Santa Maria sopra Minerva. — Santa Maria sopra Minerva (chambre de Ste Catherine de Sienne). — Bibliothèque de la Minerva. — Collège de la Sapienza. — Palais Lante. — Sant'Andrea della Valle. — Palais Vidoni. *Théâtre de Pompée.* — Santa Trinita dei Pellegrini. — Ponte Sisto. — San Carlo ai Catinari. — Fontaine delle Tartarughe. — Palais Costaguti (*Cirque Flaminius*). — Palais Mattei. — Santa Maria in Campitelli (*Portique d'Octavie*). — *Théâtre de Marcellus.* — Ghetto (quartier des Juifs).

Entre la Place Navone et le Tibre.

Place Navone (*circus agonalis*). — Fontaines. — *Obélisque.* — Santa Agnese. — Santa Maria dell'Anima. — Santa Maria della Pace. — Palais Altemps. — Maison de Raphaël. — San Salvatore. — San Giovanni dei Fiorentini — Restes du *Pont Triomphal.* — Santa Maria del Suffragio. — Santa Maria in Vallicella (Chiesa Nuova). — Palais Pamfili. — Palais Braschi. — Palais Massimi. — Statue de Pasquin. — Palais Farnèse. — Palais de la Chancellerie. — San Lorenzo in Damaso. — Palais Linote. — Palais Spada.

Ile du Tibre et Transtevère.

Ponts *Fabricius* (des Quattro Capi) et *Cestius* (san Bartolommeo). — San Bartolommeo (*Temple d'Esculape*). — Port de Ripa Grande. — Hospice san Michele. — San Francesco a Ripa (chambre de S. François d'Assise). — Santa Maria dell'Orto. — Santa Cecilia. — Santa Maria in Trastevere. — *Muraille d'Aurélien*. — S. Pierre in Montorio. — Temple circulaire du Bramante. — Fontaine Pauline et Acqua Paola. — Santa Maria della Scala. — Porte S. Pancrace. — (Hors les murs : Villa Pamfili). — Palais Corsini. — Palais de la Farnésine. — Jardin botanique (ancien palais Salviati). — Sant'Onofrio.

Une énumération des monuments de la ville ne pouvait mieux se terminer que par le Janicule. Des terrasses de S. Onuphre et de S. Pierre in Montorio on découvre en effet un horizon incomparable. Depuis S. Pierre, dont la coupole, tout près à gauche, monte gigantesque dans l'azur, jusqu'à S. Paul hors les Murs qui, dans le lointain, à droite, profile son clocher sur les monts Albains, la ville entière déroule sous le regard toutes ses splendeurs. Et lorsque, en présence de cet admirable panorama, le soir, à l'Ave Maria, les harmonies de cloches sans nombre montent chantant à ses oreilles les triomphes et les joies de sa religion sainte, le pèlerin peut quitter Rome et regagner sa patrie lointaine : la « Ville éternelle » a définitivement pris possession de sa mémoire et de son cœur.

De Rome à Florence.

Départ de la *Stazione Termini;* on fait un grand circuit autour de la ville, passant à droite près de la *Porta Maggiore* ou *Temple de Minerva Medica.* —*Portonaccio* (5 kil.), Rome se perd à l'horizon ; le *Dôme de S. Pierre* seul demeure visible ; à droite, les *montagnes de la Sabine* et les *monts Albains;* en approchant de l'*Anio* la *Coupole de S. Pierre* disparaît, mais on peut la saluer une dernière fois trois minutes avant d'arriver à *Sette Bagni* (17 kil.). On suit la direction de l'ancienne voie *Salaria.* — *Monte Rotondo* (26 kil.), bataille du 26 oct. 1867 ; à 3 kil. au S., *Mentana*, où, le 3 nov. 1867, l'armée franco-pontificale, commandée par le général de Failly, et armée pour la première fois du fusil Chassepot, mit en déroute Garibaldi et lui tua 1200 hommes. — *Fara Sabina* (38 kil.), ancienne ville Sabine de *Cures.* — *Stimigliano* (58 kil.), le chemin de fer passe sur la rive droite du Tibre. — *Civita Castellana* (71 kil.), à droite, puis à gauche la crête dentelée du *Soracte.* — *Orte* (84 kil.), tunnels, pont sur le Tibre. — *Castiglione Taverino* (113 kil.), vallée bien boisée ; le fleuve coule dans un large lit pierreux ; la ligne quitte la vallée du Tibre et remonte la *Paglia.* — *Orvieto* (126 kil.), sur un rocher isolé ; fut au moyen âge une des principales forteresses des Guelfes, et, primitivement sous le nom de *Volsinii*, une des 12 villes étrangères détruites par les Romains l'an 264 av. J.-C.; splendide cathédrale, l'un des plus remarquables spécimens de l'architecture gothique en Italie; Lupi y inventa la fameuse drogue dite *orviétan;* la voie remonte la *Chiana*, affluent de la Paglia. — *Chiusi* (165 kil.), *Clusium* du Roi *Porsenna; Camers* des Etrusques, l'une des 12 métropoles de l'*Etrurie*. — *Castiglione del Lago* (184 kil.), sur une hauteur s'avançant dans le lac *Trasimène;* la ligne longe la rive O. du lac. — *Terontola* (194 kil.), sur le lac Trasimène; défilé où, en l'an 217 av. J.-C., *Annibal* remporta une victoire sanglante sur le consul *C. Flaminius*. — *Cortona* (200 kil.), sur une colline, 26,000 hab., murailles pélasgiques, évêché; l'une des 12 villes confédérées. — *Arezzo* (229 kil.), *Arretium* des Anciens agréablement située sur une colline au-dessus d'une plaine fertile; 38,950 habitants, évêché, patrie de Mécène, de Pétrarque et de Vasari. — La voie descend doucement à *Ponticino* (245 kil.), quatre tunnels. — *Bucine* (255 kil.), quatre tunnels, la voie descend encore. — *Montevarchi* (263 kil.). — *S. Giovanni val d'Arno* (268 kil.), patrie du peintre Masacchio; le train suit la rive gauche de l'Arno. — *Incisa in val d'Arno* (281 kil.), château; on passe sur la rive droite de l'Arno. — *Pontassiave* (296 kil.), à la jonction de la *Siéva* et de l'Arno; à droite s'élèvent les montagnes où est le couvent de Vallombreuse. —

Compiobbi (303 kil.), la vallée s'élargit peu à peu ; à gauche, dans le haut, Fiesole ; on descend sur la rive droite de l'Arno jusqu'à FLORENCE, que l'on contourne par la vallée du *Mugnone* pour arriver à la *Stazione centrale* (316 kil.).

Florence.

FIRENZE (Ville des Fleurs)— 210,000 habitants, capitale de l'ancienne *Toscane*, puis du Royaume d'Italie de 1864-1870.

Située dans une plaine au pied des Apennins, au milieu du cadre vert des collines de Fiesole et de *San Miniato*, elle est répartie pour les deux tiers sur la rive droite de l'Arno.

La ville actuelle étale ses nouveaux quartiers autour du noyau de la cité ancienne dont les maisons hautes et noires, aux étages parfois surplombant, aux fenêtres crénelées, et les rues étroites et tortueuses, sont restées telles qu'au temps des factions du moyen âge.

Par sa situation et le relief élégant de ses monuments est justifié son nom de *Florence la Belle*. Après Rome, Naples, Venise, elle est la plus belle ville d'Italie. Au moyen âge, elle fut le centre des œuvres de l'esprit et la reine des arts. Parmi ses littérateurs et artistes, il suffit de citer : *le Dante, Galilée, Michel-Ange, Benvenuto Cellini, Leonardo di Vinci, Am. Vespuce...*

Au centre de la ville est la célèbre *Piazza della*

Signoria, où se voient : la *Loggia dei Lanzi* ou *Loggia d'Orcagna* avec le *Persée de B. Cellini*, l'*Enlèvement de la Sabine* de *Jean de Bologne*, *Judith et Holopherne* de *Donatello*, etc..., puis la *Fontaine de Neptune*, la *statue de Cosme Ier*, et enfin le *Palazzo vecchio* avec sa tour haute de 96 mètres.

Sur la *Piazza del Duomo* s'élèvent trois merveilles : le *Dôme*, le *Baptistère*, le *Campanile*. La Cathédrale, *Santa Maria del Fiore*, revêtue de marbre blanc et de couleur, a 153 mètres de longueur avec 94 mètres de largeur au transept, coupole magnifique de *Brunelleschi*, plus haute de 4 mètres que celle de S. Pierre de Rome, qu'elle a d'ailleurs précédé de plus d'un siècle. — Le *Campanille*, *du Giotto*, « clocher si beau, disait Charles-Quint, qu'on ferait bien de le mettre sous cloche, » est un monument carré, haut de 84 mètres. — Le *Baptistère*, *S. Giovanni Battista*, est un édifice octogone à dôme, décoré de belles bandes de marbre de diverses couleurs, où l'on admire surtout les célèbres *portes de bronze* : celle du N. est d'*Andrea Pisano*, les deux autres de *Lorenzo Ghiberti*. De celle qui se trouve devant la Cathédrale, Michel-Ange disait qu' « elle mériterait d'être la Porte du Paradis. »

Parmi les principales églises on peut nommer : *Santa Croce* remplie d'illustres tombeaux qui l'ont fait appeler le *Panthéon de Florence*; *Santa Annunziata* avec un cloître; *Il Carmine*, *San Lo-*

renzo, dont la *Nuova Sagrestia* commandée par Léon X à Michel-Ange et renfermant les *Tombeaux des Médicis* est un des sanctuaires de l'art italien ; *Santa Maria Novella, Or San Michele*, enfin *San Marco*, tout près du couvent où *Fra Angelico de Fiesole*, suivant l'expression de Taine, « pieusement, doucement, peignit ses rêves mystiques. »

La Galerie des *Uffizi* et le *Palais Pitti* sont au rang des plus riches musées du monde. Florence possède encore nombre d'autres musées ; elle montre aussi avec orgueil de beaux palais : *Palazzo Corsini, Palazzo Ricardi, Palazzo Strozzi*, et des reliques, comme les *maisons* de *Michel-Ange*, du *Dante*, de *Galilée*, de *Machiavel*, de *Cellini* et d'*Andrea del Sarto*. Elle possède des promenades ravissantes : le *Giardino Boboli* et les *Cascine*. Ses environs sont magnifiques. De la *Piazzale Michelangiolo*, de *San Miniato* ou de *Fiesole*, on jouit des plus beaux points de vue.

Avant de quitter Florence, les pèlerins vont au monastère du Carmel vénérer les restes de *Ste Madeleine de Pazzi*, l'une des patronnes de la cité.

De Florence à Bologne.

Le train laisse à droite la ligne d'Arezzo et de Faenza, à gauche la ligne de Pisa et se dirige tout droit sur *Rifredi* (3 kil.), où il franchit le *Trezolle*.

— *Castello* (6 kil.), belles villas. — *Sesto Fiorentino* (8 kil.), fabrique renommée de porcelaine et de majolique. — *Prato* (18 kil.), ville industrielle de 42,000 habitants sur le *Bisenzio;* beaux monuments, la voie longe le pied des *Apennins.* — *Pistoia* (34 kil.), ville d'origine antique dans une plaine fertile. C'est dans le voisinage de cette ville que *Catilina* fut battu et tué (62 av. J.-C.). La voie contourne la ville, traverse le parc de la *Villa di Scornio* et monte à travers 4 tunnels et 4 viaducs (dont 3 ont 50 mètres de haut) à *Piteccio* (46 kil.). Viaducs et tunnels se succèdent presque sans interruption ; vue magnifique sur la *plaine Toscane ;* viaduc sur la belle vallée de l'*Ombrone ;* la voie monte jusqu'à *Pracchia* (60 kil.), où l'on traverse la ligne de partage des eaux entre l'Adriatrique et la Méditerranée ; série de ponts et de tunnels ; cascades ; étroite vallée du *Reno.* — *Bagni di Porretta* (74 kil.), eaux thermales, le Barèges de l'Italie ; nombreux tunnels ; on passe et repasse sur le Reno dont on suit la vallée jusqu'aux environs de Bologne. — *Riola* (86 kil.), à droite les cimes escarpées du *mont Ovolo* et du *mont Vigese.*— *Marzabotto* (106 kil.) restes d'une ville étrusque. — *Sasso* (114 kil.), la Setta se jette dans le Reno. Cette rivière alimente les fontaines de Bologne au moyen d'un aqueduc souterrain construit par *Auguste.* — *Casalecchio* (123 kil.), aux environs les Français battirent le duc d'Urbin en 1511. Le train franchit le Reno sur un pont de

12 arches de 20 mètres chacune et entre dans *Bologne*.

Bologne.

Bologna, 140,000 habitants, une des villes les plus importantes de l'Italie, chef-lieu de l'*Emilie*. Elle est située dans une plaine fertile au pied de collines peu élevées. Le *canal* dérivé du *Reno* la parcourt dans sa partie N. Les fortifications dont elle est entourée sont percées de 12 portes et ont 6 kil. de circuit. A l'exception de quelques grandes voies, les rues sont généralement tortueuses, étroites et bordées de portiques qui permettent de se promener en tout temps à l'abri du soleil et de la pluie. Les entrées des maisons bourgeoises ressemblent à des entrées de couvent.

Construite par les *Ombriens*, cette ville s'appela primitivement *Felsina* jusqu'au jour où les *Boïens*, peuplade gauloise, la prirent et la nommèrent *Bononia*. Elle devint colonie romaine l'an 189 avant J.-C., et servit parfois de *résidence aux empereurs*. Au moyen âge, son *université* compta jusqu'à 10,000 étudiants. Elle fut la patrie de *Grégoire XIII*, *Grégoire XIV*, *Benoît XIV*, des *Carraches*, du *Dominiquin*, du *Guide*, de l'*Albane*, du *Guerchin* et du savant *Galvani*.

La *Piazza Vittorio Emmanuele* et la *Piazza Nettuno*, contiguës à angle droit, au centre de la ville, comptent parmi les plus pittoresques de l'Italie. On y voit la *statue de Victor-Emmanuel II*, la *Fontaine de Neptune*, le *Palazzo del Podesta*, le *Palazzo communale*, avec un escalier du Bramante, et *San Petronio*, basilique immense construite pour rivaliser avec celle de Florence, et où Charles-Quint fut couronné empereur.

Piazza Galileo, dans l'église *San Domenico*, en un sarcophage de marbre blanc, de 1267, décoré par Nic. Pisano, on conserve les reliques de *S. Dominique*.

Dans la *via Zamboni*, la belle église *San Giacomo Maggiore*, derrière laquelle on trouve l'oratoire abandonné de *Santa Cecilia*.

San Giovanni in Monte et *San Stefano* sont encore à signaler parmi les cinquante églises de la ville.

Deux monuments curieux donnent une physionomie particulière à Bologne, ce sont deux tours penchées, carrées et construites en brique, la *Torre Asinelli* et la *Torre Garisenda*. Le Dante en parle dans son Enfer.

Pour les pèlerins il y a aussi à visiter, au *monastère des Clarisses*, les reliques de *Ste Catherine de Bologne*, célèbre par ses révélations et ses extases.

De Bologne à Venise.

La ligne de Venise traverse une plaine cultivée, des canaux, des rizières ; stations sans importance jusqu'à *Ferrara* (47 kil.), 30,000 habitants, place forte de l'*Emilie*, dans un pays fertile, mais marécageux et malsain, au point où le *Pô di Volano* se sépare du *Pô di Primaro*; ville bien bâtie, belles rues; nombreux monuments rappelant l'antique prospérité, alors que Ferrare comptait 100,000 habitants et qu'elle était la résidence de la glorieuse cour des *Prince d'Este*; à citer: le *Château*, le *Palais des Diamants* et la *Cathédrale S. Georges*; Ferrare a donné naissance à l'*Arioste*, au *Tasse* et à *Il Garofalo*. — *Santa Maria Maddalena* (53 kil.), on franchit le Pô dont on descend la rive gauche jusqu'à *Polesella* (65 kil.). — *Arqua* (71 kil.), pont sur le *Canale Bianco*. — Entre le *Pô* et l'*Adige*, contrée d'une grande fertilité et coupée de canaux. — *Rovigo* (79 kil.), 11,300 habitants — *Stanghella* (86 kil.), on traverse l'*Adige*. — *Santa Elena Este* (94 kil.), 8,500 habitants, sur le *Frassine*, affluent de l'*Adige*, au pied des *Monts Euganéens*: berceau de la famille des *Ducs de Modène et de Ferrare*. — Pont sur le *Canale di Battaglia* (105 kil.). — *Battaglia* (105 kil.), eaux thermales salines; long tunnel. — *Abano* (113 kil.), ruines d'un couvent sur le *Monte Venda*; la voie court le long du *Canale di Battaglia* et touche *Padova* (123 kil.).

Padoue, le *Patavium* des Romains, fondée, suivant une légende recueillie dans l'*Enéide*, par *Anténor, frère de Priam*, est une ville de 92.000 âmes, située dans une plaine fertile qu'arrose le

Bacchiglione. A distance, ses dômes, ses clochers et ses vieilles murailles flanquées de bastions lui donnent un aspect très monumental. Ses rues étroites, tortueuses, mal pavées, sont bordées de *portici* ou galeries couvertes. — Les *Reliques de S. Antoine, Il Santo*, comme le peuple l'appelle, sont dans une Basilique qui porte son nom et où l'on admire surtout la *Chapelle du Saint* et le *Trésor.* Tout près se trouve la *Scuola del Santo* avec des fresques du *Titien.* A *Santa Giustina,* l'on vénère les corps de *S. Mathieu, S. Luc, Ste Justine, Ste Scholastique,* etc... A noter encore aux *Eremitani* la *Chapelle de Mantegna*, à *N.-D. dell'Arena* les *Fresques du Giotto,* au *Palazzo della Ragione le Salone*, enfin le *Duomo* et la *Piazza dei Signori.*

En sortant de Padoue, on aperçoit à gauche les *Alpes du Tyrol.* — *Ponte di Brenta* (128 kil.). Pont sur *la Brenta.* — *Marano* (151 kil.), où s'embranchent les lignes de *Trieste* et de *Vienne ;* à droite, le fort de *Malghera ;* bientôt on aperçoit VENISE qui semble sortir de la mer, et on atteint le gigantesque pont de 3603 mètres avec 222 arches qui relie à la terre ferme la « Reine de l'Adriatique ».

Venise.

VENEZIA, 152,000 habitants, est une des villes les plus singulières du monde. C'est la « ville aquatique » par excellence.

« Venise, a écrit Taine, est la perle de l'Italie,
» avec ses palais de marbre, ses ponts de marbre,
» ses églises de marbre, cette superbe broderie
» de colonnes, de balcons, de fenêtres, de corni-
» ches — gothiques, mauresques, bysantines —
» et l'universelle présence de l'eau luisante et
» mouvante. »

Construite sur trois îles principales, dont la plus grande est la *Giudecca*, elle a débordé dans la lagune même où ses maisons, élevées sur une forêt de pilotis, trempent leurs pieds. Elle est sillonnée de canaux qui y remplacent les rues : d'abord le *Canale della Giudecca*, large de 400 mètres ; puis le *Canale Grande*, long de 3.700 mètres, large de 45 à 72 ; puis un millier d'autres franchis par 400 ponts ; le tout parcouru par de petits bateaux à vapeur et par les célèbres gondoles qui tiennent lieu de voitures et qui passent sans bruit comme des visions. L'aspect est attirant au plus haut point. Le climat du reste, malgré les préjugés contraires, est exquis.

L'industrie est peu active et presque toute de luxe (bijoux, meubles, bronzes, soieries, dentelles, objets en cire, glaces, émaux, verrerie). Venise retient surtout par sa beauté.

Au centre de la ville se trouve la *Piazza San Marco*, qui donne une idée parfaite de la grandeur de la cité. Il n'en est peut-être pas une autre en Italie qui puisse lui être comparée. Elle mesure 175 mètres de long sur 56 de large à l'O. et 82 à l'E. Elle est entièrement pavée de dalles de trachyte et de marbre blanc que n'ont jamais frappées les pieds des chevaux, mais où s'abattent des pigeons innombrables et familiers au possible. De trois côtés ce sont des édifices magnifiques, *Procuratie vecchie e nuove*, *Nuova Fabbrica*, qui ne forment pour ainsi dire qu'un immense palais de marbre blanc noirci par le temps. Naguère encore on y admirait le *Campanile* dominant de ses 100 mètres le bijou de sculpture qu'on appelait la *Logghetta*; mais il s'est écroulé en 1902. En face est la *Torre dell'Orologio* où deux chevaliers de bronze sonnent les heures en frappant alternativement sur une cloche. A l'extrémité E. s'élève la *Basilique San Marco* avec ses « dômes bulbeux et ses clochetons aigus, avec ses arcades festonnées de figurines, ses porches couturés de colonnettes, ses voûtes lambrissées de mosaïques, ses pavés incrustés de marbre coloriés, ses coupoles scintillantes d'or. » (Taine) Devant la basilique, sur des piédestaux de bronze, se dressent *trois mâts vénitiens*, et, au-dessus de son portique, le fameux *Quadrige antique*. Au maître-autel sont conservées les *Reliques de S. Marc*.

La *Piazetta* est le prolongement, en retour d'équerre, de la place S. Marc vers la mer. Elle est bordée à l'ouest par la *Bibliothèque* (*libreria vecchia*) aujourd'hui *Palais Royal*, qui est peut-être l'édifice profane le plus magnifique de toute l'Italie. Du côté du canal S. Marc se trouvent deux *colonnes de granit*, rapportées d'Orient en 1180 ; l'une est surmontée du *Lion ailé de S. Marc* (bronze), l'autre de l'ancien Patron de Venise : *S. Théodore sur un crocodile* (marbre). A l'est s'élève le *Palazzo Ducale (Palais des Doges)* avec ses splendeurs : *Escalier des Géants, Escalier d'Or, Salle du Grand Conseil, Salle du Scrutin, Bibliothèque, Musée, Salle de la Boussole, Salle du Conseil des Dix, Salle des Trois Chefs, Vestibule carré, Salle des Quatre Portes, Salle de l'Anti-Collège, Salle du Collège, Salle du Sénat, Chapelle du Doge*, etc..,

En s'avançant le long du Palais Ducal sur le *Molo* (quai) jusqu'au *Ponte della Paglia*, on aperçoit à une grande hauteur au-dessus du *Rio dal Palazzo*, le *Ponte dei Sospiri*, qui par un étroit corridor réunit le Palais des Doges aux *Prigioni* : les terribles *Piombi* et les *Pozzi* plus affreux encore.

Au delà du Pont de la Paille commence la belle *Riva degli Schiavoni*.

Parmi les 90 églises, citons : *Santa Maria Formosa*, — *San Zanipolo (San Giovanni et Paolo)* panthéon où sont ensevelis la plupart des grands hommes dont s'enorgueillit Venise, — *San Francesco della Vigna*, — *San Zaccaria*, — *San Stefano*, — *San Salvatore*, — *Madonna dell'Orto*, — *Santa Maria della Salute* (vulgairement *la Salute*), — *San Sebastiano*, — *San Rocco* et, tout à côté, la *Scuola di San Rocco*, — *San Giorgio Maggiore*, dans l'île de ce nom et *Redentore* dans la Giudecca.

L'*Accademia delle Belle Arti* et plusieurs autres Musées renferment des merveilles.

Le *Canale Grande*, bordé de plus de 150 palais, enjambé par le magnifique *Ponte dal Rialto*, forme une promenade incomparable. — Une demi-heure de gondole peut conduire soit au *Lido*, soit à *Murano* d'où l'on jouit de magnifiques panoramas.

L'un des attraits actuels de Venise est d'y sentir vivant le souvenir du *cardinal Sarto*.

De Venise à Milan.

Padova (37 kil.), deux tunnels; au S. les *Monts Euganéens*. — *Poiana di Granfion* (52 kil.), galerie voûtée; à droite, embranchement de Schio.

Vicenza (68 kil.), 45.000 habitants, située dans une riante vallée au pied des *Monti Berici*, à l'endroit où le *Bacchiglione* devient navigable. *Vicence* est une des plus anciennes villes de l'Europe. Elle est des plus riches en monuments d'architecture et son climat passe pour le plus salubre de l'Italie. *Napoléon I*[er] constitua un *duché de Vicence* en faveur du général *Caulaincourt*.

Montebello Vicentino (84 kil.). Deux victoires des Français sur les Autrichiens en 1796 (*Bonaparte*), et en 1805 (*Beauharnais*); beau château; à droite vue magnifique sur les *Alpes*. — *Sambonifacio* (95 kil.), à 4 kil. d'*Arcole*, célèbre par la victoire de *Bonaparte*, *Masséna*, *Augereau* et *Lannes* sur les Autrichiens, les 15, 16 et 17 nov. 1796 avec 15.000 hommes contre 40.000. — *Bagni di Caldiero* (102 kil.), sources minérales; victoire de *Masséna* sur les Autrichiens le 30 oct. 1805. – *San Martino* (110 kil.), dominé par la *Villa Musella*.

Verona Porta Vescovo (116 kil.), 73.000 habitants, place de guerre de 1re classe, au pied des *Monti Lessini*, à cheval sur l'*Adige* au cours torrentiel qui la divise en deux parts, *Verone* et *Veronette*. Belle ville, vieilles maisons, somptueux palais, cathédrale et campanile romans du xe siècle. Patrie de *Cornélius Népos*, de *Catulle*, des deux *Plines*, de *Vitruve* et du peintre *Paolo Caliari dit Veronèse*. Le 17 avril 1797 eut lieu, dans *Vérone*, à l'instigation des Autrichiens, un massacre général des Français (*Pâques Véronaises*).

Verona Porta Nuova (119 kil.). Pont sur l'*Adige*; belle vue à droite sur la ville. — *Peschiera* (142 kil.), à l'extrémité S.-E. du *Lac de Garde*, là où en sort le *Mincio*; petite ville fortifiée à l'angle N.-O. du fameux quadrilatère si souvent disputé par les belligérants en Italie et dont les autres angles sont occupés par *Vérone* (N.-E), *Mantoue* (S.-O), et *Legnano* (S.-E.).—*San Martino della Battaglia* (150 kil.), tour haute de 74 mètres, appelée « espionne de l'Italie ». — *Desenzano* (156 kil.), à droite vue magnifique sur le *Lac de Garde* où se détache le *Promontoire de Sermione* que termine la *Grotte de Catulle*; à gauche, champ de bataille de *Solférino*, victoire de l'armée franco-piémontaise sur les Autrichiens, le 24 juin 1859, où périrent 17.000 français et 22.000 autrichiens. — *Lonato* (160 kil.), ville prise par les Français en 1509 et 1706; *Bonaparte* y battit les Autrichiens en juillet 1796.

Brescia (184 kil.), 68.000 habitants, la *Brixia* des Gaulois, ville industrielle dans un très joli site au pied des *Alpes*. — *Ospitaletto* (195 kil.), pont sur la *Mella*. — *Calcio* (214 kil.), pont sur l'*Oglio* qui sort du *Lac d'Iseo*. — *Morengo* (225 kil.), pont sur le *Serio*, affluent de l'*Adda*. — *Cassano d'Adda* (240 kil.) où Vendôme battit les Autrichiens (1705), pont sur l'*Adda*. — *Milano* (265 kil.).

Milan.

MILANO, 496.000 habitants, le *Mediolanum* des Romains, fondée par *Bellovèse*, chef gaulois, en 603 avant J.-C. C'est la ville la plus commerçante de l'Italie. On y fabrique surtout des soieries.

Sa célèbre *Cathédrale* est le plus vaste édifice en marbre qui existe au monde et une des plus grandes merveilles de la chrétienté. Commencée en 1386, elle n'est pas encore achevée. Elle mesure 148 mètres de long. La largeur de ses cinq nefs est de 57 mètres. Elle en mesure 87 au transept. La hauteur de la grande nef est de

46 mètres. Au-dessus de la toiture, dont les dalles aussi sont en marbre blanc, s'élèvent 98 tourelles surmontées de statues dont une représente Napoléon Ier qui fit terminer la façade. La coupole est surmontée d'une tour que domine une statue de la Ste Vierge en cuivre doré. La hauteur totale est de 108 mètres. 2,000 statues décorent l'extérieur. L'ensemble produit une impression féerique. L'intérieur du Dôme est un musée et un trésor par le nombre de toiles de prix, d'objets d'orfèvrerie et des 4000 statues qu'il contient. Le pavé est en mosaïque de marbres précieux. Une chapelle souterraine renferme le corps de *S. Charles Borromée* qui consacra la cathédrale en 1577.

Sur la *place du Dôme* se trouve la *Galeria Vittorio Emmanuele*, passage vitré, de proportions grandioses, rendez-vous le soir des étrangers et des Milanais. En face du Dôme s'élève la *Statue équestre de Victor-Emmanuel II*. Du côté de l'Epître est le *Palazzo Reale*.

San Ambrogio est une antique basilique fondée par *S. Ambroise* au IVe siècle, sur les ruines d'un *Temple de Bacchus*. Là S. Ambroise baptisa *S. Augustin* en 387 et refusa en 389 à l'empereur *Théodose* l'entrée du saint lieu après le *massacre de Thessalonique*. Là les *rois Lombards* et les *empereurs d'Allemagne* recevaient la *couronne de fer*, et ils prêtaient serment près de la *colonne antique* qui se voit encore sous les tilleuls de la place. Dans la crypte un reliquaire d'argent renferme les *corps de S. Ambroise, S. Satyre, S. Gervais et S. Protais.*

Santa Maria delle Grazie est une église due en grande partie à *Bramante.* Tout près une grande porte sur laquelle on lit « *Cenacolo Vinciano* » donne accès dans le réfectoire d'un ancien couvent où se trouve la célèbre *Cène de Léonard de Vinci.*

Parmi les nombreuses églises de Milan citons encore *S. Lorenzo,* la plus ancienne de la ville, et *S. Carlo* où *Ozanam* fut baptisé.

Le *Brera,* ou Palais des Sciences, des Lettres et des Arts, installé dans un ancien collège de Jésuites, contient une riche galerie de tableaux, une bibliothèque (300.000 volumes) un cabinet de médailles (50.000), un observatoire et des moulages d'antiques. La *bibliothèque Ambrosienne* compte 175.000 volumes et 15.000 palimpsestes et manuscrits.

La plus belle promenade de Milan est le *Nuovo Parco,* commençant au *Foro Bonaparte* et comprenant à l'une de ses extrémités le *Castello,* ancienne résidence des *Visconti* et des *Sforza,* et à l'autre la *Porta Sempione* et l'*Arco della Pace.* Sur l'un de ses côtés se trouve l'*Anfiteatro dell'Arena* qui peut contenir 30.000 spectateurs

Le *Cimetière Monumental* est un des plus remarquables de l'Italie; il est entouré de colonnades et il forme un vrai musée de sculpture milanaise moderne.

Pour avoir une vue d'ensemble de Milan, nul poste n'est meilleur que la *Tour du Dôme,* d'où l'œil non seulement jouit du spectacle de la grande ville, mais aperçoit, dans les horizons lointains à travers les plaines de la Lombardie, les Apennins et les grandes Alpes.

De Milan à Lucerne.

Départ de la *Gare Centrale*, édifice magnifique décoré de fresques et de sculptures. — *Sesto San Giovanni* (7 kil.), villas. — *Monza* (13 kil.), sur le *Lambro*, 32.000 habitants; cathédrale fondée en 595 par *Théodelinde*, reine des Lombards; on y conserve la *Couronne de fer*. Auprès de la ville, la *Villa Reale*, résidence préférée des *Rois d'Italie*, avec un beau parc; *Humbert I*er y fut assassiné le 29 juillet 1900. — *Seregno* (23 kil.), on traverse un pays montueux : la *Brianza,* jardin de la Lombardie ; nombreuses villas ; à l'arrière-plan, la croupe déchiquetée du *Monte Resagone*, près de *Lecco*. — *Albata Camerlata* (43 kil.), on aperçoit sur une colline (431 m.) la *Tour de Baradello*, reste du château habité en 1176 par *Frédéric Barberousse*.

Como San Giovanni (48 kil.), 33.000 habitants, magnifique cathédrale en marbre blanc. *Côme* est située à l'extrémité S.-O. du *Lac* du même nom, entre des montagnes étagées en amphithéâtre ; à l'O. le *Monte della Croce* (535 m.), à l'E. le *Bru-*

nate (715 m.). Vue à droite sur le *Lac;* tunnel de 2.900 m. sous le *Monte Olimpino;* on pénètre sur le territoire suisse à *Ponte Chiasso* en franchissant le *Faloppia*.

Chiasso (52 kil.), douane suisse. — *Balerna* (55 kil.), au débouché du *Val di Maggio*. — *Mendrizio* (60 kil.), au pied du *Salorino;* à droite, le *Monte Generoso* (1704 m.) au sommet duquel est un pèlerinage à S. Nicolas. — *Capolago* (64 kil.), à l'extrémité S.-E. du *Lac de Lugano;* on longe la rive du lac jusqu'à *Maroggia* (68 kil.), 2 tunnels, 2 viaducs, puis la digue, *la Punta*, sur laquelle on traverse le lac. — *Malida* (71 kil.), la voie décrit une courbe, longe la rive, traverse un long tunnel, suit en tranchées le pied du *S. Salvatore* (915 m.), franchit le *Val Tassino* sur un beau viaduc, contourne le faubourg de *Paradiso* et monte à *Lugano* (78 kil.), ville d'aspect italien, la plus considérable du *Tessin*, dans une situation merveilleuse sur le bord du lac qui porte le même nom; magnifique panorama sur le lac et les montagnes qui l'enserrent; la voie passe dans le *Val d'Agno*. — *Taverne* (85 kil.), la voie remonte la jolie vallée de l'*Agno;* on laisse derrière soi le *Monte Generoso;* à gauche se dresse le *Tamaro*. — *Rivera Bironico* (93 kil.), on passe dans la *vallée du Tessin;* après trois tunnels et plusieurs ravins on découvre à gauche le *Lac Majeur* et *Locarno;* la voie descend en décrivant plusieurs courbes jusqu'à *Giubiasco* (105 kil.), tunnel sous le

Castello Mezzo. — *Bellinzona* (108 kil.), chef-lieu du Tessin, dominé par trois châteaux; on traverse la *Moësa;* à gauche, le *Val Mesocco.* — *Castione* (111 kil.), à droite, *couvent de Sta Maria.* — *Claro* (115 kil.), au pied du *Pizzo di Claro* (2.719 m.) — *Osogna* (121 kil.), jolie cascade. — *Biasca* (127 kil.), chapelle de *Ste Pétronille;* cascade de *la Froda;* vallée luxuriante appelée *Riviera du Tessin;* cascade de l'*Ambra.* — *Bodio* (133 kil), cascade de *Cramosina.* — *Giornico* (139 kil.), vieille tour, restes de fortifications; on franchit le *Tessin;* tunnel en spirale, cascade à droite; viaduc, petit tunnel; tunnel hélicoïdal, viaduc, tunnel, gorge de la *Biaschina,* où le *Tessin* se précipite; à gauche, la *Cima Bianca.* — *Lavorge* (146 kil.), vallée boisée; à gauche, superbe cascade de *Cribiasca;* chapelle sur un rocher, cascade, falaises du *Tessin,* belles cascades de la *Piumegna.* — *Faldo* (153 kil.), tunnel, on franchit le *Tessin;* 4 tunnels, on traverse le *Tessin;* tunnel en spirale dans lequel on monte de 36 mètres; 2 tunnels, on passe la rivière; gorge étroite et cascades du *Tessin.* — *Lodi Fiesso* (160 kil.), la voie s'engage dans une vallée retrécie; jolie vue sur le massif du *S. Gothard;* chute du *Secco;* belle cascade de la *Foos;* cimes du *Pizzo Lucomagno* et du *Pizzo Pettano;* vallée *Leventina;* 4 souterrains; défilé de *Stalvedro;* on franchit le *Tessin* dont on suit encore la vallée jusqu'à *Airolo* (172 kil.); vue superbe sur la vallée supérieure du *Tessin;* remarquer les fortifications qui défendent l'*entrée du S. Gothard*.

Le S. Gothard, massif des *Alpes Suisses*, est considéré comme l'articulation principale du système alpin. Le point culminant, le *Spizzo Rotondo* a 3.197 mètres. Le Tunnel commence à une altitude de 1.145 mètres ; il a été percé de 1872 à 1880 et a coûté 66 millions ; il comporte deux voies, mesure 14.998 mètres de longueur, 8 mètres de largeur et 6 de hauteur sous clef ; il est entièrement maçonné ; c'est un des travaux gigantesques du XIXe siècle ; la traversée dure une vingtaine de minutes ; il y a tous les kilomètres une lanterne numérotée, nombres pairs à gauche, nombres impairs à droite. A la sortie, les yeux éblouis découvrent une perspective splendide sur la *vallée de la Reuss* ; on traverse le *Gothard-Reuss* et l'on arrive à *Goschenen* (188 kil.) à une altitude de 1109 mètres ; à gauche, le *Dammafirn*, magnifique glacier, et jolie vue sur les massifs du *Rhonestock* (2436 mètres) et du *Dammastock* (3634 mètres); on franchit le *Goschenen-Reuss;* un pont; un tunnel de 1563 mètres dans lequel on descend d'une altitude de 36 mètres; 2 ponts; en face, la *Rienzer-Stock* (2982 mètres); on aperçoit à une grande profondeur *Wassen* et le chemin que l'on va parcourir, tunnel; pont supérieur de la *Meien-Reuss;* tunnel hélicoïde (1095 mètres; 25 mètres de rampe); pont moyen de la *Meien-Reuss*. — *Wassen* (196 kil.) altitude : 931

mètres; tunnel; pont sur la *Reuss;* tunnel hélicoïde (1090 mètres; 23 mètres de rampe); on longe la rive droite de la *Reuss;* pont inférieur de la *Meien-Reuss;* tunnel hélicoïde (1485 mètres; rampe de 35 mètres); belle cascade à gauche; on traverse 2 torrents.— *Gurtnellen* (204 kil.) viaduc le long de la montagne sur la rive gauche de la *Reuss;* ponts sur 2 torrents, tunnel, pont sur la *Reuss;* 2 tunnels; vue magnifique à droite dans la vallée de *Madéran*, à gauche dans celle de la *Reuss;* pont grandiose; tunnel. — *Amsteg Silenen* (212 kil.), altitude: 548 mètres; ici finit la partie la plus intéressante de la ligne du S. Gothard. — *Erstfeld* (217 kil.). — *Altdorf* (224 kil.) C'est là que *Guillaume Tell,* pour n'avoir pas voulu s'incliner devant un chapeau exposé sur la place publique, fut condamné par *Gessler* à abattre avec une flèche une pomme sur la tête de son fils. *Fluelen* (226 kil.), altitude: 437 mètres; on quitte la vallée élargie de la *Reuss* pour gagner le Lac des IV cantons.

Ce superbe *Lac,* appelé aussi *Lac de Lucerne,* est situé entre les *Cantons de Lucerne, Schwytz, Uri, Unterwalden,* au pied de hautes montagnes. Il est long de 38 kil. en forme biscornue et large de 3 seulement en moyenne; il a 260 mètres d'extrême profondeur. Ses brusques sinuosités, ses promontoires abrupts, ses golfes bordés de villas, de forêts, de cultures, ses échappées soudaines sur de grandes montagnes, font de ce lac un des plus pittoresques de la Suisse.

De *Fluchen* à *Brunnen* (238 kil.), le chemin de fer suit pendant 12 kil. le bord du *Lac*, traversant de nombreux tunnels et de profondes tranchées ; entre les tunnels on jouit de belles échappées sur le *Lac* et les montagnes. Entre Fluchen et *Sisikon*, on passe à proximité de la *Chapelle de G.-Tell*. En sortant de *Brunnen*, on quitte le *Lac des Quatre Cantons*, on franchit la *Muota* et l'on traverse la riante vallée qui mène au *Lac de Lowers*. — *Schwyzscewen* (242 kil.), bains d'eaux ferrugineuses ; on longe un instant le *Lac de Lowers*, et l'on arrive à *Steinen* (245 kil.), patrie de *Stauffacher*, un des libérateurs de la Suisse. La voie passe dans le cirque formé par le *Righi*, la *Hochfluh* et le *Rossberg* et où s'étend le *Lac de Lowers* pour atteindre *Arth-Goldau* (250 kil.), situé au centre d'un véritable chaos de rochers, produit par un terrible éboulement du *Rossberg* qui coûta la vie à plus de 400 personnes (1806). On aperçoit bientôt sur la rive droite le *Lac de Zug* que l'on côtoie jusqu'à *Immensee* (258 kil.), en suivant les pentes boisées du *Righi*. La ligne quitte le *Lac de Zug*, traverse un tunnel et aborde de nouveau, à *Küssnacht* (261 kil.), au golfe du *Lac des Quatre Cantons* qu'elle suit en passant par *Meggen* (267 kil.), et en traversant de longs tunnels au sortir desquels elle offre des vues merveilleuses sur le *Lac* jusqu'à *Lucerne* (278 kil.).

Luzern, 29.000 habitants, occupe un site splendide à l'extrémité O. du *Lac des 4 Cantons* et sur les deux rives de la *Reuss*. On y remarque de beaux ponts, dont l'un, le *Kapellbrucke*, est dominé par la *Tour d'eau*. Une des curiosités est le célèbre *Lion de Lucerne* par *Thorwaldsen*, monument rappelant le massacre des Suisses au service du Roi de France le 10 août 1792. En été *Lucerne* est le rendez-vous de nombreux touristes attirés par le *Righi* (1800 m.), le *Pilate* (2123 m.), le *Burgenstock* (870 m.), le *Stansherhorn* (1900 m.), et le *Lac des Quatre Cantons*.

De Lucerne à Paris.

En deçà du *Pont de la Reuss*, la ligne passe sous la *Zimmeregg* et entre dans la large et verdoyante vallée de la *Petite Emme*. — *Littau* (6 kil.), au pied du *Sonnenberg* (720 m.). — *Malters* (12 kil.), la vallée se rétrécit, la voie se rapproche de l'*Emme* et la traverse. — *Wolhusen* (21 kil.); ici commence l'*Entlebuch*, jolie vallée de 5 lieues de long, entourée de montagnes boisées. — *Entlebuch* (29 kil.), dans un site pittoresque; on traverse l'*Entlen*, affluent de l'*Emme*. — *Schüpfheim* (35 kil.), principale localité de la vallée; eau ferrugineuse iodurée; on remonte la vallée de l'*Emme Blanche*. — *Escholzmatt* (43 kil.), village disséminé sur la ligne de faîte entre l'*Entlebuch* et l'*Emmental*; tunnel. — *Wiggen* (46 kil.); on suit la rive droite de l'*Ilfis*. — *Trubschachen* (52 kil.), à l'embouchure du *Trubbach* dans l'*Ilfis*. — *Lan*-

gnau (58 kil.), riche petite ville dans l'*Emmental*, vallée célèbre par ses fromages, ses belles prairies, son magnifique bétail et ses maisons coquettes entourées de jardins ; on franchit la *Grande Emme*. — *Emmenmatt* (61 kil.). — *Signau* (65 kil.) ; on passe le *Kiesenbach*. — *Zœziwil* (71 kil.) ; la voie fait un grand circuit autour du *Hürnberg*. — *Konolfingen-Stalden* (75 kil.). — *Tœgertschi* (78 kil.). — *Worb* (83 kil.), village industriel, vieux château, belle vue à gauche sur les *Alpes Bernoises* et la chaîne du *Stockhorn*. — *Gümlingen* (87 kil.). — *Bern* (96 kil.).

Berne, capitale, depuis 1848, de la *Confedération Helvétique*, compte environ 45.000 habitants, presque tous de la religion réformée. Elle occupe un site magnifique sur un plateau dominant de 35 m. le cours de l'*Aar* qui l'entoure de trois côtés, et du haut duquel, par les temps clairs, le regard embrasse le panorama des montagnes neigeuses de l'*Oberland*, distante de 30 kilomètres. *Berne* passe à juste titre pour une des plus belles et des plus pittoresques cités européennes.

Riedbach (104 kil.), à droite, au-delà de la vallée de *Gabelbach* : *Frauenkapellen*, couvent de bénédictines désaffecté. — *Rosshœursern* (107 kil.), après un tunnel de 1100 m. on traverse la *Sarine* sur un viaduc de 400 m. — *Gümmenen* (113 kil.), tunnel. — *Ferenbalm-Gurbru* (115 kil,). — *Kerzers* (Chiètres) (118 kil.), on traverse le *Grand*

Marais. — *Müntschemier (Monsmier)* (122 kil.). — *Ins (Anet)* (126 kil.), village sur une hauteur ; on passe sur le *Canal de la Thièle ;* à gauche, beau coup d'œil sur le *Lac de Neuchâtel* et la *Chaîne des Hautes-Alpes.* — *Marin-Epagnier* (133 kil.), près de là, célèbre station lacustre de *La Tène ;* au S.-E. sur le Lac, maison d'aliénés de *Préfargier ;* tunnel. — *S. Blaise* (135 kil.), la voie atteint le *Lac de Neuchâtel*, le *Lacus Eburodunensis* des Romains (40 kil. de longueur, 6 à 8 de largeur et jusqu'à 153 mètres de profondeur). — *Neuenburg* (139 kil.).

Neuchâtel, sur le *lac* du même nom qui reçoit à cet endroit le *Seyon ;* 21,000 habitaants ; la ville, agréablement bâtie sur une basse colline et sur des terrains conquis aux dépens du *lac* est dominée par un château du XIVe siècle ; on franchit le *Seyon ;* tunnel à la sortie duquel on a un coup d'œil splendide sur le *lac* et les *Alpes.* — *Serrières* (142 kil.), buste en bronze de *Ph. Suchard*, fondateur de la grande fabrique de chocolat qu'on voit à droite dans le bas. — *Auvernier* (144 kil.), on monte lentement, on s'engage dans la vallée boisée de l'*Areuse*, toujours en vue du *lac* et des *Alpes* ; 4 tunnels. — *Champ du Moulin* (153 kil.), 3 tunnels. — *Noiraigue* (158 kil.), au pied de parois de rochers à pic ; vallée nommée *Val-de-Travers.* — *Travers* (162 kil.), mines d'asphalte. — *Couvet* (166 kil.), fabrique d'absinthe. — *Boveresse* (169 kil.), beau site ; horlogerie importante ; tunnels et viaducs ; source de l'*Areuse.* — *Les Bayards* (175 kil.), tourbières. — *Verrières-Suisse* (179 kil.), où l'armée de l'Est, sous *Bourbaki,* passa la frontière en février 1871. — *Verrières-de-Joux* ou *de France* (181 kil.), monument « aux derniers défenseurs de la Patrie » (février 1871).

Pontarlier (192 kil.), à l'entrée de la vallée de la *Cluse*; visite de la douane française; on franchit le *Drugeon*. — *Frasne* (208 kil.), vaste étang ; forêt de la *Joux*. — *Andelot* (229 kil.), cascade de *Fauperrier*; tunnels, viaduc. — *Arc-Senans* (260 kil.), sur la *Loue*. — *Mont-Barrey* (271 kil.), dans le *Val-d'Amour*. — *Grand-Contour* (276 kil.), forêt de *Chaux*; on franchit le *Doubs*, puis le *Canal du Rhône au Rhin*. — *Dôle* (296 kil.), sur une colline, dominant le *Doubs*; tunnel; deux tranchées de 1,000 mètres. — *Champvans* (300 kil.), à droite : *Mont-Roland*; forêt; pont sur la *Saône*. — *Auxonne* (311 kil.), sur la rive gauche de la *Saône*; forêt de *Mondragon*. — *Collonges* (320 kil.), pont sur la *Tille*. — *Genlis* (324 kil.), pont sur la *Norge*. — *Magny-sur-Tille* (329 kil.), à gauche, le *Canal de Bourgogne*; pont sur l'*Ouche*. — Dijon (343 kil.).

PARIS, *Gare de Lyon* (658 kil.).

Coutances. — Typ. de Ch. Daireaux.

www.ingramcontent.com/pod-product-compliance
Lightning Source LLC
LaVergne TN
LVHW021739080426
835510LV00010B/1291